DIE REIHE
Archivbilder

WIEN-HIETZING

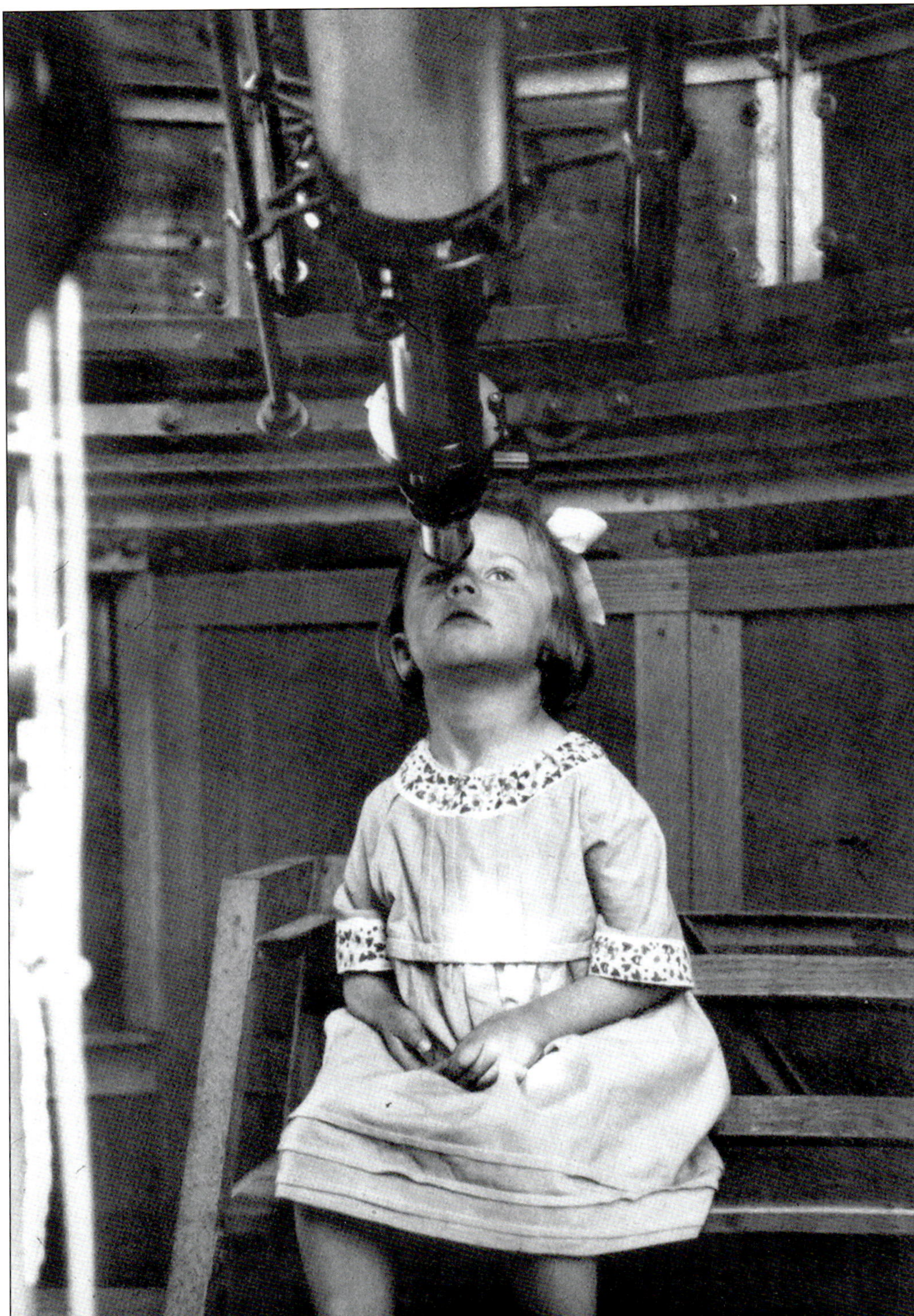

In der Sternwarte der Villa Forster, Adolfstorgasse 21. So wie dieses Mädchen in die Sterne blickt, werfen wir einen Blick auf die Geschichte Hietzings.

DIE REIHE

Archivbilder

WIEN-HIETZING

Felix Steinwandtner

SUTTON
VERLAG

Sutton Verlag GmbH
Hochheimer Straße 59
99094 Erfurt
http://www.suttonverlag.de

ISBN: 978-3-89702-971-2

Druck: Druckhaus „Thomas Müntzer“ | Bad Langensalza

Katharina Schratt verabschiedet den Kaiser im Hof ihres Hauses. Das Foto hat wahrscheinlich ihr Sohn Anton um 1900 aufgenommen.

Inhaltsverzeichnis

Bild- und Literaturnachweis

Die Bilder stammen aus dem Bezirksmuseum Hietzing und aus privaten Sammlungen.

GERHARD WEISSENBACHER: *In Hietzing gebaut, Bd. I und II,* Verlag Holzhausen.
Fenster in die Vergangenheit, Lokalgeschichtliche Schriftenreihe des 13. Wiener Gemeindebezirkes, Heft 1-5.

Die Kirche zum hl. Karl Borromäus wurde durch Spenden der Innungen und Fachgruppen errichtet und im Jahre 1904 fertig gestellt. Sie zählt mit ihrer auf die Spender hinweisenden Innenausstattung zu den interessantesten und besterhaltenen Gotteshäusern dieser Zeit.

Einleitung

Im Jahre 1969 wurden bei Aushubarbeiten in der Titelgasse Reste eines altsteinzeitlichen Lagers zu Tage gebracht – bearbeiteter Hornstein sowie Bruchstücke von Mammut- und Pferdeknochen. Die Fundstelle ist der bislang älteste Nachweis menschlicher Ansiedlung im Wiener Raum. Von dieser Zeit an spannt sich der Nachweis der kontinuierlichen Besiedelung. Jungsteinzeitliche Funde stammen aus dem Gebiet Schönbrunns und dem Gemeindeberg, Besiedelungen in der Bronzezeit sind durch Funde im heutigen Wienflussbett und im Lainzer Tiergarten nachgewiesen, die Anfänge der Eisenzeit durch besonders interessante Grabbeigaben. Die Römer führten ihre Wasserleitung nach Vindobona von Atzgersdorf über Lainz ins Wiental. Römische Veteranen siedelten am Roten Berg unweit von Kelten. Während der Völkerwanderung hinterließen Awaren ihre Spuren und slawische Ansiedelungen entstanden. Nach der Schlacht auf dem Lechfeld 955 setzte die deutsche Kolonisation vollständig ein.

Die Schenkung Heinrichs II. von Godtinesfeld an die Propstei Bamberg im Jahre 1015 beweist, dass zu jener Zeit in diesem Gebiet schon Siedlungen bestanden. Die Entstehung der Dörfer, die später den Bezirk Hietzing bilden sollten, ist sicher vor dem Jahre 1000 anzusetzen, auch wenn die ersten urkundlichen Erwähnungen aus dem 12. bzw. 13. Jahrhundert stammen.

Die Landwirtschaft blieb durch Jahrhunderte die Erwerbsquelle. Die Errichtung von Schloss Schönbrunn und dessen Nutzung als Sommersitz des Herrscherhauses brachte die ersten Veränderungen. Im Ort Hietzing verlor die Landwirtschaft an Bedeutung, Gewerbebetriebe und Zulieferer für das Schloss entstanden, und im 19. Jahrhundert wurde er Sommerfrische.

Im Gegensatz zu anderen Vororten Wiens siedelten sich im Bereich des heutigen Bezirkes nur wenige Industriebetriebe an. Entlang des Wienflusses entstanden kleinere Gerbereien und Färbereien. Man versuchte es im 18. Jahrhundert mit der Zucht von Seidenraupen und deren Verwertung. Es gab kurzfristig eine Zuckerfabrik, eine Schokoladeerzeugung, die Produktion von Glühlampen und dergleichen mehr. Nur einige wenige Fabriken hatten längeren Bestand, wie z.B. die Textilveredelung Winkler & Schindler, die Wagenfabrik Rohrbacher oder die erst vor wenigen Jahren abgesiedelte Wurstfabrik Wiesbauer. Bestimmend für die geringe Dichte an Großbetrieben war die Tatsache, dass es unweit des Schlosses gewisse Baubeschränkungen gab. Außerdem erfolgte im Gegensatz zu anderen Stadtteilen in der Gründerzeit fast kein Zinshausbau.

In der rasch wachsenden Stadt des 19. Jahrhunderts blieb Hietzing ein locker verbauter Bereich mit großen Grünflächen. Erst in den letzten 60 Jahren wurde so viel gebaut, dass sich die Zahl der Wohnungen verdoppelte. Trotzdem hat sich der Grüncharakter des Bezirks nicht wesentlich verändert.

Für viele ist Hietzing der Wohnbezirk im Grünen und der Wohnort der besseren Leute. Bedeutende Bauten von Architekten aus mehreren Jahrhunderten werden in einem Atemzug genannt mit berühmten Bezirksbewohnern aus den Bereichen Kunst, Wissenschaft und Wirtschaft. Dabei werden so manche Einrichtungen, die weit über die Grenzen Bedeutung haben, zu wenig oder gar nicht bedacht. Es sind die zahlreichen sozialen Einrichtungen, wie das Geriatrische Zentrum am Wienerwald, das von der Bevölkerung nach wie vor mit dem erfrischend positiven Wort „Versorgung“ bezeichnet wird, oder Spitäler wie das Krankenhaus Lainz, neuerdings Krankenhaus Hietzing, die Orthopädie in Speising, die Rothschildstiftung Neurologisches Krankenhaus und andere. Das heutige Hietzing ist aber auch ein Schulbezirk, in dem es nicht nur Allgemeinbildende sondern auch Berufsbildende Schulen gibt.

Mit dem 1. Jänner 1892 wurden Breitensee, Penzing, Baumgarten sowie Hütteldorf und die südlich des Wienflusses gelegenen Ortschaften Hietzing, Unter und Ober St. Veit, Hacking, Lainz, Speising sowie die Katastralgemeinde Schönbrunn zum 13. Bezirk Hietzing vereinigt. Im Jahre 1938 wurde der nördlich gelegene Teil des Bezirks zum neuen 14. Bezirk Penzing.

In der Folge gibt es zu jedem Bezirksteil eine kleine Einführung. Die Bezirksteile sind fast ident mit den ehemaligen Katastralgemeinden. Das vorliegende Buch beschreibt die ehemaligen Dörfer und ihre Entwicklung zu Bezirksteilen und erzählt damit etwas über das tägliche Leben in der „Guten alten Zeit“, die diese Bezeichnung in vielen Fällen allerdings nicht verdient. Die beliebten Ausflugsziele Lainzer Tiergarten und Schönbrunn werden nur gestreift, da es darüber zahlreiche hervorragende Publikationen gibt.

Mein Dank gilt meinen Freunden und Mitarbeitern, die bei der Erstellung dieses Bildbandes geholfen haben. Meine Bitte richtet sich an die Leser, nicht allzu streng zu urteilen und wenn Sie Material haben für ein weiteres derartiges Buch, dieses dem Bezirksmuseum zur Verfügung zu stellen.

Wien, im Frühjahr 2006
Felix Steinwandtner

Das Musikzimmer in der Schratt-Villa.

1

Schönbrunn

Ein Kleinadelssitz mit einer Mühle, der 1170 als „Chaternberch" aufscheint, war der Beginn der späteren Katastralgemeinde Schönbrunn. 1312 erwarb das Stift Klosterneuburg das Anwesen. Mitte des 16. Jahrhunderts entstand ein Herrenhaus, die Katterburg. Kaiser Maximilian II. erwarb 1569 Gebäude, Äcker, Viehweiden, Wein- und Obstgärten. Ein Jagdgarten wurde eingezäunt. Das ausgebaute Jagdschloss wurde als Witwensitz verwendet. 1683 zerstört, war ein repräsentativer Neubau geplant. Der erste Vorschlag Fischer von Erlachs scheiterte an den Kosten. Der zweite Plan wurde ab 1696 verwirklicht und ab 1743 unter Maria Theresia nach den Plänen von Nikolaus Pacassi ausgebaut. Gleichzeitig mit der Errichtung des Schlosses wurde auch der Park angelegt. 1752 wurde die von Franz Stephan geschaffene Menagerie geöffnet und etwa zur gleichen Zeit die Gründe südlich des Glorietteberges angekauft, daraus entstand der spätere Fasangarten. 1937 erfolgte dort der Spatenstich für die Errichtung einer Dollfuss-Führerschule. Der halbfertige Bau wurde ab Sommer 1938 als Militärkaserne fertig gestellt.

Sowohl der Ehrenhof als auch der Schlosspark waren und sind Veranstaltungsstätten. Legendär sind die Konzerte zu den Kaiserjubiläen und die Paraden. Hier zu sehen ist die Schlussveranstaltung des Katholikentages im Jahre 1933. In den vergangenen beiden Jahren war der Park zwischen Schloss und Neptunbrunnen Veranstaltungsort des Konzertes für Europa.

Die 1865 errichtete Brücke vor dem Schloss.

Der Löwe wurde durch Kriegseinwirkungen 1945 schwer beschädigt. Die Wiederherstellung feierte man darum umso lieber. Rechts im Hintergrund sind englische Soldaten zu sehen.

In der Fasanerie wurden auch Kühe gehalten; die Meierei war an Sonn- und Feiertagen geöffnet.

In der Fasanerie wurde auch gejagt; Jagdgehilfen betreuten die Fasanzucht.

Publikumswirksame Attraktionen des Tiergartens gab es schon um 1910.

Durch die Kriegshandlungen wurden sowohl das Schloss als auch die Nebengebäude beschädigt. Besonders betroffen war der Tiergarten. Ein Großteil der Tiere wurde getötet oder musste wegen Futtermangel eingeschläfert werden. Unmittelbar nach ihrem Einmarsch versorgte die sowjetische Besatzungsmacht den Tiergarten mit Futter und Streu.

Die im Tiergarten geborene Mädi war seinerzeit eine Sensation. Die Elefantendame überlebte das Jahr 1945.

Ein Besuch um 1910.

Das Palmenhaus um 1880; der Schlot hinter der Anlage gehörte zum Heizhaus. Heute ist dort der japanische Garten.

Eine Kakteenschau im Sonnenuhrhaus.

Schon kurz nach Kriegsbeginn wurde ein Kraftfahrzeugs-Beschaffungsamt eingerichtet. Alle nicht als kriegswichtig beurteilten Kraftfahrzeuge mussten hier abgeliefert werden.

Eine solche Abgabestelle war auch neben der Wagenburg eingerichtet. Vom Rennwagen bis zum Lkw – alles wurde eingezogen.

Das Schloss war nach Kriegsende Sitz der britischen Militärverwaltung. Vom Dach wehte der Union Jack.

Im Juni 1946 fand in der Schlosskapelle eine von Kardinal Innitzer abgehaltene Firmung statt. Die Fassade war ausnahmsweise Rot-Weiß-Rot beflaggt. Seitlich der Stiege waren ein Panzer und eine Kanone aufgestellt. Der Firmling war Wiener, der Pate ein englischer Offizier. Trotz der schlechten Bildqualität ist dies ein bemerkenswertes Zeitdokument.

2

Hietzing

Der Name Hietzing ist abgeleitet vom Vornamen Hiezo oder Hezzo, einer Kurzform von Heinrich. Die erste urkundliche Erwähnung stammt aus dem Jahre 1130. Im Jahre 1253 erwarb das Stift Klosterneuburg einen Hof mit einer Kapelle „zu hyecingen" und blieb bis 1848 Grundherr. Der an Stelle der zerstörten Katterburg errichtete Bau des Schlosses Schönbrunn brachte dem Dorf Hietzing den großen Aufschwung. Der Fremdenzustrom gab besseren Verdienst und prägte das Bild des Bezirkes bis in unsere Tage. Sommerfrischler konnten das Landleben genießen und hatten den von der Stadt gewohnten geselligen Verkehr. Etablissements wie das legendäre „Dommayerkasino", der „Weiße Engel" oder kurze Zeit die „Neue Welt" trugen das ihre ebenso dazu bei wie die Wohnsitze des Arztes Baron Malfatti und des Diplomaten und Forschungsreisenden Freiherren von Hügel oder der Aufenthalt des 1866 abgesetzten blinden Königs von Hannover. Schon vor 1820 gab es „Öffentlichen Verkehr", anfangs den Stellwagen, später die Pferdetramway und ab 1883 verkehrte die Dampftramway. Kaiser Franz Josef nutzte Schönbrunn nicht nur als Sommerresidenz sondern bewohnte es ganzjährig. Das wirkte sich auf die Bevölkerungs- und Siedlungsstruktur der Gründerzeit aus. Zahlreiche berühmte Architekten haben hier gebaut und Persönlichkeiten aus allen Bereichen hatten hier ihren Wohnsitz.

Der Hietzinger Bürgermeister Hanselmayer am Balkon des Gemeindeamtes in der Fasholdgasse.

Die Hietzinger Brücke (oben) und der Beginn der Hauptstraße (unten) vor der Errichtung der ersten Unterführung.

Die Remise der Dampftramway. Heute steht hier das Amtshaus Hietzing.

So wie die Schönbrunner Schlossbrücke wurde auch die alte Hietzinger Brücke von der Dampftramway unterfahren. Das Bild zeigt die Auffahrt zur Station bzw. zur Remise. Der Lainzerbach floss damals noch unter den ersten Häusern der Hauptstraße hindurch.

Der Saal des Dommayer'schen Kasinos, in dem Johann Strauß Sohn 1844 debütierte, kurz vor dem Abbruch.

Im Saal des „Hietzinger Hofes" fanden viele glanzvolle Bälle statt. Das Umschlagbild dieses Buches zeigt den Garten des Hotels.

1910 wurde im Garten des „Hietzinger Hofes" das Parkkino eröffnet.

Im Jahre 1929 wurde der Saal des „Hietzinger Hofes“ zu einem der elegantesten Kinos Wiens umgestaltet.

Das ehemalige Hotelgebäude und das Kino wurden abgerissen und im Jahre 1964 das „Ekazent“ eröffnet.

Ein Eselwagen war um 1908 keine Seltenheit auf den Hietzinger Straßen.

Zur gleichen Zeit wurde für die Hietzinger Feuerwehr eine Magirusleiter angeschafft. Die Präsentation fand im Rahmen einer eindrucksvollen, alle Geräte zeigenden Schau statt. Vor dem Schulgebäude, dem heutigen Bezirksmuseum, wurde eine „Feuerrutsche" vorgeführt.

Das Innere der Wallfahrtskirche Maria Hietzing. Man beachte, dass die Kristallluster einen Staubschutz tragen.

Der „Umgang“ 1929 wurde auch vom Militär begleitet.

Das Haus Hauptstraße 4, um 1930.

Schüler und Lehrer der Fahrschule Hietzing im Jahre 1936 vor dem Amtshaus. Kriegsbedingt wurde der Betrieb im Jahre 1943 eingestellt.

Fast in jedem Haus waren Betriebe ansässig, die den täglichen Bedarf der Bevölkerung deckten.

Zwischen den Häusern Altgasse 23 und 23a stand von 1913 bis 1977 das Nachtwächterdenkmal. Es war ursprünglich im Garten des Hauses Auhofstraße 78a. Im Jahre 1913 erwarb der Komponist Oskar Straus Haus und Garten und bedingte im Kaufvertrag die Entfernung des Nachtwächters. In die Altgasse übersiedelt, wurde die Figur 1977 zur Renovierung weggebracht und ist seither verschollen.

An der Ecke Altgasse und Lainzerstraße stand bis zum Jahre 1946 eines der wenigen barocken Häuser.

Die 1867 von Schwender gegründete „Neue Welt“ war als Unterhaltungsstätte für die gehobene Gesellschaft gedacht. Eine der Attraktionen waren die illuminierten Glasblumen.

Bei den Bühnen der „Neuen Welt“ gab es abgegrenzte Teile, an denen bedient wurde. Das Unternehmen musste im Jahre 1880 eingestellt werden, das Areal wurde 1883 parzelliert.

Auf dem ehemaligen Besitz des Arztes Baron Malfatti errichtete der Bankier Ritter von Taussig eine palaisartige Villa mit mehreren Nebengebäuden. Das Areal war 82.000 Quadratmeter groß. Die Bilder zeigen den Butler vor dem Gebäude, das der Hermesvilla ähnelt, …

… und die Einfahrt in der Gloriettegasse. Die hinter der Einfahrt liegenden Häuser für Gärtner und Kutscher sind heute noch erhalten.

In so manchem Haus gab es fast bühnenmäßig ausgestattete Räume – wie hier ein so genanntes Indisches Zimmer. Die Dekorationsstücke waren ein echter Kulturmix.

Und überall, gleich ums Eck, fand sich ein Nahversorger, der sich in diesem Fall mit der Köchin des Operettenkomponisten Leo Fall abbilden ließ.

Im Garten der Villa Auhofstraße 6 stand ein Pavillon, zu dessen Errichtung die Zustimmung des Obersthofmeisteramtes nötig war, da er in der damaligen Sichtschneise der Lichten Allee situiert war.

Der Park des Hauses wurde auch zu Filmaufnahmen herangezogen, hier für G.W. Pabsts „Geheimnisvolle Tiefen“ von 1949.

Die vis-a-vis Nachbarn der Frau Schratt. Bemerkenswert ist das Katzengitter am ersten Fenster in der Tirolergasse.

Die Trauttmannsdorffgasse. Von links sieht man das Armenhaus, ein Gasthaus und das Bezirksgericht. Hier stand bis 1850 das Hietzinger Sommertheater.

Die letzten Reste der seit dem Mittelalter bekannten „Faistenmühle“. Alte Mahlsteine dienten als Trittsteine.

Das von Erzherzog Ferdinand Maximilian 1850 errichtete „Schloss Maxing“, damals mit einer Aussicht bis in die Brühl. Es wurde bis in die 1950er-Jahre als Gärtnerquartier genutzt, dann abgetragen.

Der Hietzinger Friedhof ist nicht nur Begräbnisstätte zahlreicher Berühmtheiten, sondern darüber hinaus auch kunsthistorisch interessant. Hier sieht man die von Otto Wagner für seine Familie geschaffene Gruft.

Franz Grillparzer wurde 1872 auf dem Währinger Ortsfriedhof bestattet und im Jahre 1879 hier beigesetzt. Nebenan ist das Grab seines Cousins Theo von Rizy, der sich besonders um den Nachlass des Dichters bemühte.

3

Unter St. Veit, vor 1867 Neudörfel

Um 1800 entstanden unweit der seit dem Mittelalter bekannten Feldmühle die ersten Anwesen. Die „wilde Siedlung" wurde 1803 legalisiert und unter Einbeziehung der bestehenden Häuser 100 Bauplätze geschaffen. Kleine Gewerbetreibende waren die ersten Einwohner des Ortsteiles Neudörfel. Bereits 1820 gab es eine Schule, die von einem ambulanten Schulgehilfen betreut wurde. Der Bau der Verbindungsbahn wurde zur natürlichen Trennung zwischen St. Veit und dem Neudörfel und führte 1867 zur Trennung in Ober und Unter St. Veit.

Die Villa des Volksschauspielers Hans Moser war im Juni des Jahres 1945 zerbombt und ausgebrannt.

Während die Hauptstraße um 1900 bereits städtische Züge aufwies (oben), scheint in den Höfen der Häuser in den Seitengassen die Zeit stillgestanden zu haben (unten).

Die im Jahre 1867 fertig gestellte Dorfkirche Unter St. Veit erhielt als Spende des Kaisers eine Glocke. Diese musste dann 1917, im Ersten Weltkrieg, abgeliefert werden.

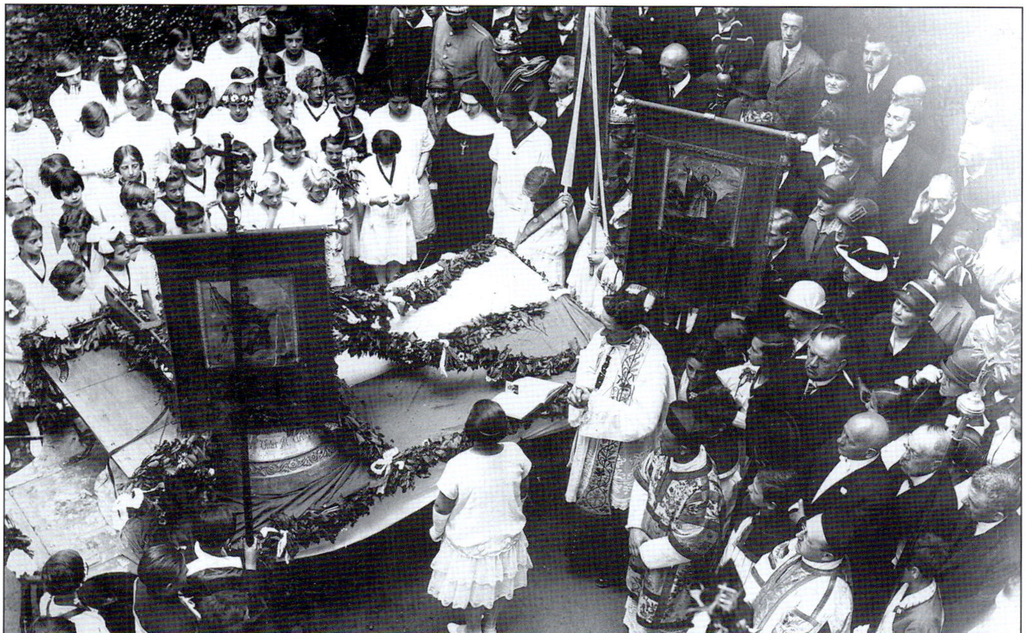

Dank der Opferbereitschaft der Bevölkerung konnte 1926 die neue Glocke geweiht werden. Aber auch diese musste abgeliefert werden, diesmal 1942, mitten im Zweiten Weltkrieg. Im Jahre 1952 gab es dann wiederum eine Glockenweihe.

Zahlreich waren die Nahversorger, denn der Konsument konnte damals noch nicht auf Vorrat kaufen, da es noch keine Kühlschränke gab.

Der letzte Bürgermeister von Unter St. Veit betrieb eine Schlosserei. Hier sieht man ihn 1903 vor seinem Wohn- und Werkstättenhaus. Noch beleuchteten Laternen die Straßen.

Das Postamt Unter St. Veit befand sich damals in der Kremsergasse. Der Briefträger war fast den ganzen Tag unterwegs, wurden doch die bis 16 Uhr einlangenden Poststücke noch am gleichen Tag ausgetragen.

Das kleine Postamt war die Lotterie-Kanzlei für einen Stipendienfonds. 300.000 Lose waren in der Monarchie abzusetzen.

In Unter St. Veit wurde nach einem Unfall bei der Fronleichnamsprozession des Jahres 1886 eine Freiwillige Rettungsgesellschaft gegründet. 1891 wurde der Rettungsdienst schon über 200 Mal in Anspruch genommen.

Die Helfer wurden laufend geschult und der Fuhrpark erweitert. Später war die Rettung bis nach 1945 als „Hietzinger Rettung" bekannt.

Das von Adolf Loos 1910 errichtete Haus Steiner. Damals war straßenseitig nur ein eingeschossiger Bau möglich, durch das Walmdach sind gartenseitig drei Etagen entstanden.

Der Wohnraum im letzten Atelier des Malers Gustav Klimt.

In der 1883 parzellierten, aber zum Teil noch unverbauten Neuen Welt gab es einen Eislaufplatz, auf dem im Sommer für Damen und Mädchen Radfahrunterricht erteilt wurde.

Der Bahnschranken ist seit 130 Jahren ein Ärgernis und gilt als Grenze zu Ober St. Veit.

4

Ober St. Veit, vor 1867 St. Veit

Im Jahre 1194 erstmals urkundlich erwähnt, entstand St. Veit aus der bereits 1015 in einer Schenkung beschriebenen Ansiedelung „Godtinesfeld“. Der Dorfanger lag zu Füßen der Kirche. 1365 schenkte Herzog Rudolf der Stifter dem von ihm gestifteten Kanonikerkapitel Allerheiligen bei St. Stephan die Herrschaft. War ursprünglich der Weinbau Haupterwerb der Dorfbevölkerung, wurde er bereits zur Zeit Maria Theresias von der Milchwirtschaft überflügelt. Das als Sommerwohnsitz der Wiener Bischöfe hier errichtete Schloss war in den Jahren 1762 bis 1777 im Besitz Maria Theresias, die damals nicht nur das Schloss ausgestalten, sondern auch die heutige Hietzinger Hauptstraße als Allee anlegen ließ. Um von Importen unabhängig zu sein, legte man nach 1750 Maulbeerpflanzungen an, um eine Seidenproduktion zu ermöglichen. Der Versuch schlug fehl. Ähnlich wie Hietzing wurde St. Veit in den folgenden Jahrzehnten zur Sommerfrische. Ab 1887 führte die so genannte Schönbrunnerlinie der Dampftramway von Gaudenzdorf bis nach Ober St. Veit. Die aufgelassenen Weingärten wurden zur Villengegend. Meiereien gab es hingegen bis nach 1945.

Im Jahre 1946 wurden die Wiesen beim Faniteum für die Kleingartennutzung verkauft.

Der Wolfrathplatz in Ober St. Veit, um 1887.

Anfang der 1920er-Jahre wurde der offene Wagen des fahrenden Mistbauers durch Fahrzeuge mit geschlossenem Aufbau abgelöst.

Vom Glasauerhaus bergwärts ist der ländliche Charakter des Ortes noch zu spüren.

Die Familie Wimpissinger betrieb ihre Meierei bis nach 1945. Jede Generation war stolz auf die Qualität ihrer Tiere.

Die Gemischtwarenhandlung war ein Supermarkt im Kleinen. Das Angebot reichte von der Seife bis zur Salami.

Der Fleischhauer führte seine Ware noch im offenen Wagen vom Markt oder vom Schlachthof nach Hause.

Der Fleischer im Haus und die Kräutlerin vorm Geschäft ergänzten sich bestens.

Im Hof des Hauses Hietzinger Hauptstraße 172 hatte der Fotograf Carl Mannheim sein Atelier. Es war ein Holzbau der noch heute existierenden Tischlerei Fellner mit Fenstern nach dem Osten. Auch das Dach war zum Teil verglast. Noch gab es Aufnahmen nur bei Naturlicht.

Oberhalb des Wolfrathplatzes wohnten die feinen Leute und die Sommerfrischler.

Die gemeinsame Jause am Sonntagnachmittag gehörte einfach dazu.

Unterm Christbaum …

… Bilder einer großbürgerlichen Familie aus zwei verschiedenen Jahren.

Die Tischlerei und Kohlenhandlung Fellner in der Glasauergasse.

Auch die Handwerker machten am Sonntag im „Salettl“ eine wohlverdiente Pause.

Das Spitzerhaus in der Auhofstraße gab vielen armen Familien Quartier. Zeitweise wurden in diesem Haus über 60 Kinder gezählt. Die Wohnungen bestanden in der Regel nur aus einem Zimmer und der Küche.

Das Bild mit dem Schneemann aus dem Jahre 1935 zeigt einige der Hausbewohner. Der Vermerk auf der Bildrückseite: „sind alle arbeitslos“.

Ein Schrebergarten neben dem heutigen U-Bahngebäude Ober St. Veit im Jahre 1949.

Ein Mechanikermeister baute mit seinem Freund ein einmotoriges Flugzeug, die Flugversuche sollen am Roten Berg stattgefunden haben. Ob sie erfolgreich waren, ist nicht bekannt.

Kardinal König, der selbst einige Jahre in Ober St. Veit wohnte, 1969 bei einem Besuch in der 1a der Volksschule.

Am 27. Juli 1958 wurde der Straßenbahnverkehr nach Ober St. Veit eingestellt. Mit Wehmut wurde der letzte 158er verabschiedet. Seither verkehren Buslinien.

Der Blick vom Girzenberg Richtung Gemeindeberg zeigt das Kloster. Die Einsiedelei des 18. Jahrhunderts wurde im 19. Jahrhundert zum Ausflugsrestaurant und Anfang des 20. Jahrhunderts zum Kloster und Altenheim.

Der Blick vom Girzenberg in Richtung Wiental zeigt im Vordergrund das Kindertagesheim. Kinder aus der Stadt wurden jeweils eine Woche lang täglich zur Erholung in das Heim gebracht. Zur Sicherung der Stadtgaszufuhr gab es die „Gasometer“, dieser stand in der Zehetnergasse.

Im Jahre 1886 wurde der Drahrer-Club gegründet, der es sich zur Aufgabe machte, durch Veranstaltung von Faschingsumzügen Unterstützung für bedürftige Kinder zu ermöglichen.

Bald war der Ober St. Veiter Faschingsumzug bekannt und wurde bestens besucht. Im Jahre 1923 berichtet eine Tageszeitung von 200.000 Zuschauern. Heute nennt sich die älteste Gilde Wiens „Narrenzentrum Ober St. Veit“. Umzüge werden alle fünf Jahre veranstaltet.

In den Jahren 1914 bis 1933 war das Grundstück Auhofstraße / Mantlergasse / Premreinergasse / Preindlgasse Heimstätte der Austrianer. Ursprünglich war der Verein als „Wiener Cricketer" benannt, später firmierte er als „Wiener Amateur Sportverein".

Im Jahre 1926 wurde der Name auf „Fußballklub Austria" geändert. Der Platz war mit einfachen Tribünen ausgestattet. Differenzen mit den Platzbesitzern beendete die Ära der Austria in Ober St. Veit.

Auch heute noch ist ein Großteil des Roten Berges Grünfläche. Bis vor wenigen Jahren wurden die Flächen noch zur Futtergewinnung genutzt.

Der Blick vom Roten Berg in die Stadt.

Am Ober St. Veiter Friedhof gibt es mehrere schöne Mausoleen. Das interessanteste ist wohl das in den Berg gebaute der Familie Flesch. Die drei Nornen bewachen die Gruft, in der Sarkophage erlesener Qualität stehen.

Die Bilder entstanden anlässlich einer Beschau im Zusammenhang mit Renovierungsarbeiten.

5

Hacking

Im Jahre 1156 wurde ein Markwardus de Hacingen, ein Gefolgsmann des Markgrafen Heinrich II., erwähnt. Der ursprüngliche Ort war ein Weiler am Fuß des Hagenberges. Die Festung am Hagenberg war ein strategisch wichtiger Punkt im Wiental. 1529 wurden Festung und Ort von den Türken zerstört. Im kleinen Dorf, in dem es nie eine Kirche gab, siedelten sich – das Wasser des Wienflusses nützend – kleine Färbereien und Gerbereien an. Der Bau der Westbahn 1858 und der Bau der Stadtbahn sowie die Wienflussregulierung 1898 brachten eine bessere Anbindung an die Stadt. Ab 1873 nahmen die Dominikanerinnen den Schulbetrieb auf. Es entstanden einige Sanatorien, aus einem wurde das heutige St.-Josef-Spital. Der einstige Viehtrieb am Himmelhof wurde auf Jahrzehnte zum Wintersportort des kleinen Mannes. Nach 1945 entstand hier eine Sprungschanze, die bei Wettkämpfen bis zu 20.000 Besucher anlockte.

Die Umgestaltung der B1 in Hacking.

Die Lebensader von Hacking ist und war die Auhofstraße.

Der Zugang nach Hacking von der Stadtbahn über den Wienfluss. Der Himmelhof beherrscht die Ansicht.

Kaum schneite es, wurde der Himmelhof schon von Rodlern und Schifahrern überlaufen. Grund genug für den Einsatz der Hietzinger Rettungsgesellschaft – sie hatte bei Schneelage einen fixen Standplatz – und auch der berittenen Polizei.

Nichts war spannender als eine Leistungsschau der Kleintierzüchter.

Wirt, Personal und Gäste stellten sich für den Fotografen in Positur.

Radausflüge waren immer schon in Mode, die Rast bei einem Glas Bier ebenfalls.

Badefreuden im Wienfluss, aufgenommen 1946.

Begeisterte Schifahrer errichteten 1948 in Eigeninitiative die Sprungschanze am Himmelhof. In einer Zeit der Materialknappheit war für jeden Nagel ein Bezugsschein vonnöten. Das gesamte Material musste auf den Berg getragen werden. Insgesamt mussten 300 Kubikmeter Erde bewegt werden.

Das Panoramabild zeigt das steile Gelände.

Auf der Sprungschanze am Himmelhof konnten Weiten bis zu 45 Metern gesprungen werden. Im Jahre 1953 wurden bei einem Springen 20.000 zahlende Besucher registriert.

Zu einem Sprungwettbewerb musste per Bahn Schnee aus Tirol geholt und vom Hütteldorfer Bahnhof in Körben zur Sprungschanze getragen werden.

Wenige Kirchen Wiens sind in Ziegelsichtbauweise errichtet. Der wabenförmige Grundriss macht dieses Gebäude besonders interessant.

In den Schulen der Dominikanerinnen gab es ursprünglich nur Internatsbetrieb. Im Jahre 1906 fand der Unterricht bei entsprechendem Wetter auch schon einmal im Freien statt. Beachtenswert sind die Gartenmöbel.

Wo sich heute das Jugendgästehaus erhebt, stand einst das Schloss Hacking, das jeweils den Namen des Besitzers trug.

Der letzte Schlossbesitzer war die Familie van der Straaten. Der Bau wurde – obwohl erhaltenswürdig – einfach abgerissen.

Das im Schimonpark stehende Wegkreuz ist nach wie vor ein Streitobjekt für die Historiker: Wo war wirklich sein ursprünglicher Standort?

In den Vororten Wiens gab es der guten Luft und der leichten Erreichbarkeit der Stadt wegen zahlreiche Sanatorien, die oft nur wenigen Patienten für Spezialbehandlungen Platz boten. Eines davon war das Sanatorium Rosenthal in der Seuttergasse.

6

Lainz

Im Jahre 1313 wurde Lainz als Luentz erstmals erwähnt. Der Haupterwerb der Bewohner war Holzwirtschaft, Landwirtschaft wurde nur für den Eigenbedarf betrieben. Den zur heutigen Fasangartengasse gelegenen Abhang des Küniglberges nutzte man für die Weinwirtschaft. Nach 1800 entstanden die ersten Gemüsegärtnereien. Aufgrund eines Gelübdes während der Pestzeit wurde die Lainzer Dreifaltigkeitskirche zur Wallfahrtskirche der Münzer und Fleischer. Durch die Errichtung des Lainzer Versorgungshauses im Jahre 1904 und des Krankenhauses Lainz im Jahre 1911 nahm der Ort einen weiteren Aufschwung. Nach 1918 entstanden in Lainz die Siedlung Lockerwiese und die Musteranlage Werkbundsiedlung.

Das Küchenpersonal des Krankenhauses. Der Lkw hatte noch Vollgummireifen.

Das Gerinne des Lainzerbaches in der Fasangartengasse. Damals führte der Bach von der Gallgasse kommend über die Feldkellergasse und die Hofwiesengasse in die Fasangartengasse und dann zur Lainzerstraße. Seit 1903 ist er komplett kanalisiert.

Der Bauernhof neben der Lainzer Kirche musste der Endstation der Linie 59 weichen.

Zur Erstkommunion wurde auch im Jahre 1958 der Altar mit den Kerzen der Kinder geschmückt.

Ein Blick von der heutigen Preyergasse in Richtung Stranzenberg. Die Anlage des Invalidenhauses war im Jahre 1908 noch in Bau.

Die Verbauung des Bereiches Münichreiterstraße und Tittlgasse nach 1900.

Ein einstöckiger Triebwagen der Tramway, ganz modern mit Niederflureingang.

Lainz war die Endstation der Linie 59. Um nach Mauer oder Mödling zu gelangen, musste man in den 60er bzw. 360er umsteigen.

In den Jahren 1930 bis 1932 errichteten 32 Architekten die aus 70 Häusern bestehende Werkbundsiedlung.

Die Häuser waren komplett eingerichtet und kosteten zwischen 25.000 und 65.000 Schilling. Der durchschnittliche Monatslohn betrug 220 Schilling. 14 Häuser wurden verkauft, die anderen ab 1939 vermietet.

Nach dem Plan von Karl Schartelmüller wurde in den Jahren 1928 bis 1932 die Siedlung Lockerwiese gebaut.

Es entstanden 770 Wohnungen, davon 602 Einfamilienreihenhäuser. Die Siedlung war in sich geschlossen wie ein Dorf.

Zu den interessantesten Bauwerken ist die Versorgungsheimkirche zu zählen. Der Bau wurde von den verschiedensten Berufsgruppen getragen, sie setzten sich mit einem Fries aus 127 Wappen ein Denkmal.

Originell ist auch die Kanzel der Versorgungsheimkirche. Die Symbole der Evangelisten halten die Bücher. Dass ein Stier mit seinen Klauen die Schrift seines Herrn trägt, ist wohl einzigartig.

Die Otto-Glöckel-Schule ist das Beste, was der Schulbau der Zwischenkriegszeit hervorgebracht hat.

Vor 1937 wurden Asphaltarbeiten von Hand gemacht.

Während im November 1962 in der Sauraugasse die letzte Gaslaterne, die heute vor dem Bezirksmuseum steht, gelöscht wurde, …

… wurde an die Haushalte noch säckeweise Brennmaterial geliefert.

7

Speising

Den Ursprung der Ortschaft verlegen viele Wissenschaftler ins 10. Jahrhundert. Die erste urkundliche Nennung stammt aus dem Jahre 1321. Im Jahre 1365 übergab Rudolf der Stifter die Orte Speising und Lainz ebenfalls dem Kapitel von St. Stephan. Soweit die Speisinger nicht im Forstamt des kaiserlichen Tiergartens Broterwerb fanden, betrieben sie Gemüseanbau. Viele dieser Flächen wurden zum Bau bedeutender Humananstalten herangezogen, wie des Krankenhauses Lainz, das zum Teil auf Lainzer und zum Teil auf Speisinger Grund stand, der Rothschildstiftung Neurologisches Krankenhaus, des Waisenhauses und heutigen Orthopädischen Spitals.

Die Straßenbahnerhäuser in der Hetzendorferstraße.

Von der Speisingerstraße zur Feldkellergasse.

Feldkellergasse, Speisingerstraße und Gallgasse sind noch heute der zentrale Bereich des Ortes. Das ebenerdige Haus ist noch erhalten.

Zu den Notabeln des Dorfes gehörte auch der Getränkehändler.

Hier wurde Fassbier gehandelt und auch in Flaschen abgefüllt sowie ausgeliefert. Nicht nur der metallenen Verschlüsse wegen wurden sie „Bierversilberer“ genannt.

Anlässlich der Erstkommunion oder Firmung entstand ein Gruppenbild mit Eltern, Paten und Hund. Das Bild zeigt, dass die Dampftramway ganz knapp neben dem Gehsteig fuhr.

Zum Fototermin erschien man im schönsten Gewand ... nicht zur Freude aller Beteiligten.

In den Seitengassen – wie hier in der Bergheidengasse – übernahmen 1920 noch Petroleumlampen die Beleuchtung.

Die Laternenanzünder sorgten für den ordnungsgemäßen Betrieb und die Reinigung der Geräte. Das Bild entstand im Jahre 1921.

Die Gasthäuser waren stets Treffpunkt und Informationszentrum, hier das Gasthaus „Jagdschloss".

Immer zu Späßen aufgelegt … Bei einer Wette ging es darum, den stärksten Mann Speisings in einem Schubkarren auf den Maurer Hauptplatz zu führen. Der Mann wog 135 Kilogramm. Wie die Wette ausging, ist nicht überliefert.

Geleitet von der Siedlergenossenschaft Altmannsdorf-Hetzendorf entstand bis 1930 die Siedlung Hermeswiese.

Die Hermeswiese-Siedler mussten beim Bau einen Eigenanteil von 1.000 Arbeitsstunden erbringen. Sand und Schotter wurden vor Ort gewonnen. Die Häuser wurden dann per Losentscheid zugeteilt.

Im Jahre 1912 als Waisenhaus errichtet, ist diese Anlage heute das Orthopädische Spital.

Ein Blick von der Speisinger Volksschule in Richtung Versorgungshaus. Erst 1908 wurde mit dem Bau des Lainzer Krankenhauses begonnen.

Aufräumarbeiten nach einem Bombenangriff in der Speisingerstraße. Das Fotografieren bzw. Entwickeln derartiger Bilder war während des Zweiten Weltkriegs bei Strafe verboten.

Das von der Familie Rothschild gestiftete Neurologische Krankenhaus.

Der noch unverbaute Rosenhügel.

Am Linienamt musste bei der Einfuhr nach Wien für gewisse Produkte eine Abgabe geleistet werden.

8

Lainzer Tiergarten – Siedlung Auhofer Trennstück – Friedensstadt

Schon zur Zeit der Babenberger war der heutige Lainzer Tiergarten landesherrliches Jagdgebiet, besitzmäßig aber ein zersplittertes Waldgebiet. Die Eigentümer einzelner Waldstücke und Wiesen waren Privatpersonen, der Landesherr, Gemeinden, Stiftungen und Klöster. Die noch heute verwendeten Flurnamen geben davon Zeugnis. Im Bereich der Nikolaikapelle gab es bis 1529 eine kleine Siedlung. Um einerseits den Wildschäden auf den landwirtschaftlich genutzten Flächen außerhalb des Tiergartens zu begegnen und andererseits die Wilderei zu verhindern, beabsichtigte Maria Theresia schon 1772 die Errichtung einer Mauer. Josef II. ließ sie dann errichten, und nach und nach gingen die Grundstücke in kaiserlichen Besitz über. Verwaltet wurde das Gebiet vom Sitz des kaiserlichen Forstmeisters im Auhof aus. Ab 1919 wurde die Siedlung Auhofer Trennstück, kurz SAT, gebaut. Die Verwaltung des Tiergartens übertrug man dem Kriegsgeschädigten-Fonds und gab weitere Flächen zur Besiedelung frei. So entstanden die Siedlung Friedensstadt, die Kongresssiedlung und andere. 1935 wurde die Kirche St. Hubertus eingeweiht; ein neuer Bezirksteil war entstanden.

Die Siedler hatten auch eine Laienspielgruppe, die im Theatersaal des Waisenhauses auftrat.

Die Anfänge der Siedlung SAT, im Hintergrund sieht man die damalige Tiergartenmauer. Diese wurde innerhalb der folgenden Jahre noch weiter zurückgesetzt.

Das 1922 errichtete Siedlerheim. Als Baumaterial diente eine aufgelassene Küchenbaracke des Lainzer Spitals.

Die Siedlergenossenschaft übernahm auch die Kinderbetreuung (oben) und veranstaltete zahlreiche Feste (unten).

1935 wurde der Lainzer Bach reguliert und 1952 das Bachbett ausgebessert. In den 1980er-Jahren verlegte man den Bachlauf dann in sein natürliches Bett zurück.

Eines der ersten fertigen Häuser an der Hermesstraße.

Die Siedler in der Friedensstadt verwendeten Musterpläne für die Errichtung ihrer Häuser. Viel Arbeit wurde in Eigenregie geleistet. Die Fertigstellung des Sockels und der Trägerkonstruktion sowie die Schalung des Daches waren ein Grund zum Feiern.

Die Siedlung Friedensstadt, aufgenommen um 1948.

Entlang der Lainzerbachstraße entstand ab 1950 die Kongresssiedlung.

Während des Baus der Kongresssiedlung hatten die Ziegen noch ihren Platz.

Die vor 1935 errichtete Kirche St. Hubertus. Das Steinmaterial holten sich die Siedler auf Loren aus dem Tiergarten.

In der Zwischenkriegszeit gab es im Lainzer Tiergarten nicht nur eine Golfanlage, man konnte auch Boot fahren.